GOOD MORROW
Shakespeare, la mujer y el psicoanálisis

Pablo Spangenberg

GOOD MORROW
Shakespeare, la mujer y el psicoanálisis

Editorial Brujas

Título: *GOOD MORROW*
Shakespeare, la mujer y el psicoanálisis
Autor: Pablo Spangenberg

Spangenberg, Pablo
   Good Morrow : Shakespeare, la mujer y el psicoanálisis / Pablo Spangenberg. - 1a ed. - Córdoba : Brujas, 2021.
   54 p. ; 21 x 13 cm.

   1. Literatura Argentina. 2. Poesía. 3. Narrativa. I. Título.
   CDD A860

© De todas las ediciones, Pablo Spangenberg
© 2021 Editorial Brujas
1° Edición.
Impreso en Argentina

Queda hecho el depósito que marca la ley 11.723.
Ninguna parte de esta publicación, incluido el diseño de tapa, puede ser reproducida, almacenada o transmitida por ningún medio, ya sea electrónico, químico, mecánico, óptico, de grabación o por fotocopia sin autorización previa.

ENCUENTRO
Grupo Editor

www.bibliotecadigital.editorialbrujas.com.ar
Editorial Brujas   PlumaLibre

www.editorialbrujas.com.ar publicaciones@editorialbrujas.com.ar
Tel/fax: (0351) 4606044 / 4691616– Pasaje España 1486 Córdoba–Argentina.

Dedicatoria

a mis hijos, Julia y Alexis

Agradecimientos

A mi tía Lucha, quien me enseñó gramática inglesa antes que comenzara mi escolaridad primaria.

Prólogo

La pregunta que el texto formula al final de este ensayo respecto de porqué se dio este magnífico autor y cuál fue la clave de su éxito no puede sino ser lo que da inicio a la inquietud por leer sus obras. No obsta que haya resultado bisagra entre el feudalismo y el capitalismo, pero sí que anticipara teorías y criterios que se forjarían en los siglos subsiguientes haciendo, por ejemplo, al psicoanálisis deudor de este autor inglés. Asimismo, da cuenta de algunas de las razones que estimularon el ansia de capital que desarrollaría el mundo todo.

I
GOOD MORROW

Dudé del título respecto de este artículo, en tanto hace referencia a un arcaísmo ya en desuso en el actual idioma inglés. Por fortuna, tuve ante mí las obras completas de Shakespeare en el inglés antiguo que heredé de una tía quien vivía sola y fue mi primera profesora de inglés enseñándome desde niño ese idioma que no era el materno. No era lo más común en cuanto instrucción a un niño en el pueblo donde viví mi primera infancia.

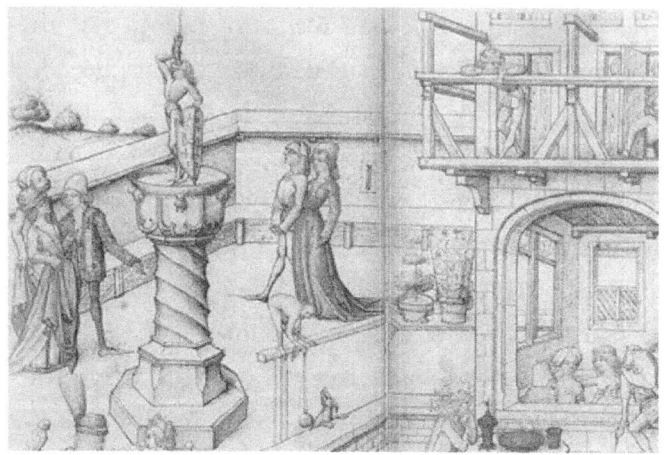

En estas obras heredadas, para mi sorpresa, encontré que en "Macbeth", los personajes de Macbeth y Malcom se saludan con un *good morrow*. Este saludo implica un "buen día", en el sentido de "buena jornada". Ese saludo fue propio de una época que, más que remitir a un tiempo cronológico, lo hace a un modo de producción y de intercambio ajeno al capitalismo. Se saludaba al vecino, a quien se encontraba en el camino donde se circulaba hacia la villa donde se intentaba, según los días, comerciar con los productos de campo. No se saludaba a algún forastero ocasional en esa vía ¿Quién podía ser aquel sujeto que no tenía parcelas sembradas o no era quien se encargaba de hacer efectivo el comercio en la villa? ¿Un salteador? Tales palabras implicaban no sólo el reconocimiento del otro semejante sino, asimismo, el confort de que le reconocieran como tal a quien lo profería. Es, también, un saludo que implicaba una cuestión de poder individual, de la posesión de un capital propio que le sostenía. Así, este término, pasó a ser un arcaísmo. ¿Cuál fue la razón de que se dejara de saludar el día, la jornada del labriego, del campesino? Tenía ese saludo en el Medioevo inglés la connotación de un reconocimiento, motivo por el cual no se dirigía a algún extraño o extranjero. El que cayese en desuso y se constituyese en un arcaísmo no fue por un decreto real, sino que el mismo pueblo inglés lo sustituyó paulatinamente. No es una razón poco importante la causa de esa modificación. Los que hemos estudiado inglés aprendimos a que se ha de decir good morning (buena mañana) por las mañanas; good afternoon (buena tarde) por las tardes y good night (buen que aquí me atañe a noche) por las noches. Ese cambio en el saludo lo es también en el reconocimiento y de él da cuenta el autor de la obra a la cual me voy a ceñir en analizar: "Macbeth", que, a mi entender es representativa, como cualquier otra obra del autor. El cambio es un cambio en el tiempo y del tiempo. Se dio en el 1600 de nuestra era por las islas británicas y se refirió –según mi entender- a la enorme modificación social que implicó el comienzo del capitalismo y el dejar atrás al feudalismo.

Por esto, decidí iniciar este texto bajo el título de Good Morrow, en tanto allí se sintetiza el paso del Medioevo inglés hacia la Modernidad capitalista que Shakespeare supo representar, particularmente en "Macbeth", obra que aquí me atañe.

La practicidad y productividad propia del capitalismo requería de una precisión en cuanto al tiempo (*time is money* –el tiempo es dinero). Es ciertamente una cuestión de efectividad económica, de trasladarse para trabajar y no para reunirse ocasionalmente con algún vecino sino el de tener un motivo, un aliciente en la productividad.

Es significativo que William Shakespeare comience su obra "Macbeth" con una advertencia como esta:

"What, can the devil speak true?".
(Qué, ¿Puede el diablo decir la verdad?).

No es una pregunta simple pues, el autor no se pregunta por la existencia del diablo en el siglo XVI en las islas británicas sino que, más que al diablo, cuestiona a la verdad. Además, también está la pregunta por si acaso el diablo puede, no solo transmitir una verdad, sino, también, un saber. Por lo tanto, William Shakespeare, abre las posibles interrogaciones sobre: ¿Cuál es la relación hoy y cuál fue en la época del dramaturgo inglés entre el saber y la verdad? Es pertinente recordar que el diablo es un ángel que se rebela a Dios y, por esa rebelión, es arrojado al abismo: tal es el destino y la condición del diablo. De allí que, actualmente, podemos, seis siglos después, afirmar con tranquilidad que aquello verdadero arrojado al abismo no puede ser algo que esta fuera de nuestra percepción si el abismo es un lugar donde no estamos detenidos, donde no dominamos nuestro cuerpo o que nuestro cuerpo no domina la situación donde estamos cayendo descontroladamente y sin poderlo evitar. Revela esto la ausencia del sujeto y su falta. ¿Dónde está en nosotros la verdad descontrolada sino en nuestro inconsciente? Es decir, cuando el diablo "mete la cola" es algo reprimido que asoma, esto es: aquello que no debiera haber sido dicho, aquello que no debiera haber aparecido por haber sido arrojado al abismo. Mas, la duda instalada por Shakespeare es si éste puede decir la verdad. Duda que, psicoanalíticamente, puede plantearse en términos de: ¿Dice el inconsciente la verdad?, y, desde allí responder que sí, pero no toda sino a medias. Notoriamente, entonces, aquí, el dramaturgo inglés se anticipó a Freud y, por ello, remata agregando

"nothing is what is not".
(nada es sino lo que no es).

Así, Shakespeare opone lo evidente al ser de la cosa y, a su vez, luego de haber mencionado al inconsciente freudiano, esto que "no es" alude también a la muerte. Mas, de ninguna manera asiente en el dramaturgo el criterio religioso, católico o protestante. Por ello, en la obra, William Shakespeare refiere a prepararse para la muerte. Ahí están esos sintagmas adentrados en lo que es la nada o la muerte que prefigura el drama que se planteará en el texto por el cual me adentraré: "Macbeth"

> *"he died as the one that had studied his deadh, to thow away the dierest thing he ow'd, as were a careles tifle".*
> (ha muerto como quien estudió su muerte, para desechar lo más querido como si fuera una insignificante nimiedad).

Aquí podemos ver el valor de la muerte de un rey puesto en entredicho, ya que puede ser nimia la muerte, en tanto nos ocurre a todos. Esto retrotrae al saludo de *good morrow* y el de saludar el día, no ya la hora o la puesta del sol. No es ya Dios quien gozó de tu servicio, quien te hizo nacer y vivir, por lo que hubiste de rendirle pleitesía, y, luego, te preparó para la extremaunción, sino que la vida y la muerte siguen unos pasos que pueden ser estudiados. Esto refiere al saber y al interés por donde puede adentrarse la ciencia, tal cual lo adelanta el autor inglés. La búsqueda de la verdad no es ajena a este interés que Shakespeare no hubo hallado en la religión.

II
SHAKESPEARE PRECEDE A FREUD

Abre, pues, William Shakespeare una puerta a la ciencia, tanto de la vida como de la muerte y, en esto, al goce del saber. Insiste, asimismo, gravemente, en lo que constituye un anticipo de lo que dirá Freud después. En efecto, en el acto II, en la escena II de la obra "Macbeth", el autor desarrolla algo que ya se anticipó:

"Sleep no more. Macbeth does murder sleep. The innocent sleep. Sleep that knits up the revel slave of care, the death of each day's life, sore labour's bath, bal,m of hurt minds, great nature second course, chief of nurdisher in life feast.
(No duermas más. Macbeth ha matado el sueño, el inocente sueño. El sueño que teje con sumo cuidado el despertar, la muerte de cada día de vida, el baño que repone el trabajo, bálsamo de las mentes heridas, gran segundo curso de la naturaleza, jefe de la alimentación en el banquete de la vida).

Así, los sueños, para el escritor inglés, condensan aquellos deseos que en el dormir se tejen cuidadosamente y que refieren a la labor que se tuvo durante el día y, por lo tanto, resultan un alivio para el soñante que puede tener su mente herida, dado que, el soñar lo rehabilita o compensa. Ese párrafo no puede sino conducirnos a Freud, quien, con palabras propias de la medicina primero, de la psiquiatría y del psicoanálisis después, tradujo al poeta inglés que leyó desde su infancia y que le anticipó en tres siglos la teoría de los sueños ¡No duermas más! El inconsciente acosa y en los sueños manda él. Es que vives dos veces, una para ti y otra para tus sueños. Por eso, se puede recordar a Calderón De La Barca (otro de los autores leídos por Freud), coetáneo del autor inglés, quien escribió que *toda la vida es sueño y los sueños, sueños son*. De este modo, se realza el principio de realidad conforme lo onírico: lo imaginario no es sino aquello que desempeña un papel fundamental en la constitución de la realidad.

William Shakespeare, asimismo, refiere a la concepción popular conforme el sueño es algo inocente, pero, esta concepción, es algo que luego destroza. Y lo hace diciendo que, si el sueño es la muerte de cada día de vida, éste, a su vez, teje el despertar con cuidado. Desde que llega el dormir donde muere el día, allí se encarga de tejer el despertar. Pero, el sueño, para William, no es de una significación banal o trivial pues se percata que, por el contrario, éste repone de la labor diaria y, para aquellos que padecen psicológicamente de algo, les supone un bálsamo ¿Qué es esto sino compensar aquello perjudicial con algo beneficioso de carácter imaginario? ¿Dice esto Freud después?, sí, con terminología médica o psicoanalítica. Más aún, W. Shakespeare asegura que el sueño es el chef del banquete de la vida y, por ende, ese deseo oscurecido por el dormir es el que dirige la vida. Freud leyó bien. Es que el inconsciente acosa y en los sueños manda él; es el chef. Es, por lo tanto, el deseo presente, aunque oscurecido por el dormir, que sume en el abismo al sujeto, donde se toca la verdad que dirige la vida. Por supuesto, entre los deseos oscurecidos que no esperamos aparezcan en nuestra conciencia, están los deseos de Poder, de muerte de nuestros semejantes, de derrocamiento de los gobernantes y de nuestros ocasionales Amos, así como, también, los deseos sexuales que hubimos tenido y no realizado.

Lady Macbeth contesta ante la primacía de los sueños:

> *"Naught's had, all's spent, ehre our desire is got without content: it's safer to be that wich we destroy tan by destruction, d well in doubt full joy".*

(nada se tiene, todo se gasta cuando nuestro deseo no logra satisfacerse. Es más seguro ser lo que hubimos destruido que el bien de la dudosa alegría).

Aquí, de nuevo, se trata la certeza que implica la destrucción como la muerte

Allí, W. Shakespeare contrapone la consecuencia de un deseo del cual sólo el sueño da cuenta, pero no es satisfecho en la realidad. Pero satisfacer esto en la realidad implica que alguien actúe. En la escena IV aparece el empuje de La Mujer ante ello. Esto es, manda al hombre a actuar y lo hace de manera clara, acicateando su virilidad:

"*Are you a man?*".

(¿Eres tú un hombre?).

Retomaré esto más adelante en relación a la mujer.

Así, acaso fue William quien, tácitamente, por esos requerimientos comerciales y/u otros como los políticos del desarrollo de las islas, se hizo acreedor de ser quien había de estructurar un idioma común o, acaso, la necesidad de establecer un discurso que, culturalmente, hubo de impeler al poeta a establecerlo. La época tuvo al rey Jacobo en la tarea de unir esas islas y sus respectivos reinos: Irlanda, Escocia, Gales e Inglaterra, lo que dio al autor la encomienda tácita respecto del idioma. Serán estas, al fin, discusiones inherentes a una interpretación histórica literaria que no dejan de dar una visión también de la monarquía y de la tiranía o de la posición ante ellas.

El futuro imperio británico habría de imponer, a su vez, un habla, un idioma. Es fundamental de toda tiranía el imponer un idioma y un discurso que diga o defina qué son las cosas y cuáles importan. Los piratas -que el reino legalizó entonces- hubieron de rendirse al discurso inglés a efectos de vender la mercadería pirateada como así, también, gobernar o conquistar en nombre de la corona y garantizar en las conquistas de tierras una mercancía para no sólo venderle al pueblo inglés, sino para obtener su aval y tener, el pirata, un garante que le defienda, eventualmente, el Capital conquistado, tierras u otros. Eran los albores del capitalismo. Se hace notar que la piratería estaba entonces autorizada por el reino.

Coincidió la época con el reinado de Jacobo que pudo, luego de no pocas dificultades, unificar las islas y el uso del idioma inglés o hacer de éste un modo oficial de intercambio con extranjeros. La imposición del idioma fue el medio de la conquista y esto, quizá, también merced a Shakespeare.

Los párrafos transcriptos y traducidos no pueden sino conducirnos a Freud quien, con palabras propias del psicoanálisis, tradujo al poeta inglés que claramente anticipó su teoría de los sueños. Tal como se dijo en su momento, Shakespeare alude al deseo como causa del sueño, pero, ahora, vemos que el autor no deja de referir, asimismo, a La Mujer cuando exclama que Macbeth ha matado el deseo y, por ende, que no duerman sino que gocen, que actúen. Tal la innovación del escritor; el llamado al goce que no es ya la

anticipación, sino que da la clave posterior de lo que seguirá al saber del inconsciente a través del deseo: el goce. El padre del Psicoanálisis, sin embargo, no era ingenuo y, como muy buen lector de Shakespeare, no dudó en arrogarse el descubrimiento del sentido de los sueños sin hacer la mínima mención de su antecesor. Freud se consideró el descubridor del sentido oculto de los sueños omitiendo al genio inglés, aun cuando, denodadamente, rastrea todos los antecedentes que desde épocas remotas, vía dichos populares o creencias varias, hablaron con respecto a esos sentidos de lo onírico. De este modo, el fundador del Psicoanálisis faltó a su pretendida honestidad: ¡Violó los derechos de autor!

¡No duermas más! El inconsciente acosa y en los sueños manda el ello. Es que vives dos veces: una para ti y otra para el abismo del sujeto que no radica sino en el inconsciente y, con él, en los sueños, pero, al no dormir más se queda abandonado al abismo del goce, al de actuar. Así Shakespeare sospecha lo que Freud va a decir.

III
EL IDIOMA INGLÉS HIZO UN TIPO DE MUJER

Ocurre aquí que el anhelo por el Capital, dada la cultura que nos hace, parece algo lógico y deseable en cuanto a abatir, asolar o, simplemente, no tener en cuenta derechos de tierras u oros y, no por ello, transformarse en un ladrón, en un depredador o en un asesino por tal intención. Ello, desde luego, no puede responder sino a un deseo. ¿Cómo se fraguó semejante deseo en el inglés?

Aquí es cuando podemos hablar de La Mujer con relación al idioma o qué mujer fraguó el idioma, tal la retroalimentación. La Mujer es aquella provista de Poder, el cual detenta y ostenta. Esta poderosa mujer no puede ser sino provista de falo y, por ello, se ha de escribir con mayúsculas.

Así, como considero que William Shakespeare condensó cuando no estructuró el idioma inglés y, como lo decimos de cualquiera, sus obras hablan de él, La Mujer de la cual él da cuenta, es el tipo de mujer que denotan sus dramas. En relación a "Macbeth", como también en otros de sus dramas, las mujeres son aquellas que anhelan el ornamento del Capital y, por ello, empujan a su hombre a conseguirlo. Le empuja al hombre a salir, a producir y actuar, si acaso éste se precia como tal. De aquí que Lady Macbeth dice:

"Thou wouldst be great and not without ambition, but without the illness should attend it".
(Querrías ser grande pero no sin ambición pues resta en ti maldad para atenderla).

Allí hay ansiedad fálica, hay ansiedad del adorno que el falo produce, que el falo recubre o lo que éste tapa u ocluye.

La condición social de 1500/1600 no permitía ascender a las mujeres sino como líderes y, así, condensar este anhelo sobre sí. Ocurría que para ello debía pertenecer a una clase social, aquélla que podía implicar un título nobiliario. Los nobles -y en particular la corona- hacían a todos súbditos, sin distinción de género. Esta igualdad y condición de la nobleza ameritaba cambio de rango en los nobles solo por deceso y suplantación del muerto. No evitaba, por ende, que el deseo de que muriese quien estaba en un rango superior ocurriese y, por ello, no evitaba el deseo de asesinato. El goce del Poder estaba, pues, presente.

Eso es "Macbeth", pieza teatral que tuvo éxito en su tiempo, tanto en los nobles como en la plebe. No era, por ello, el drama una locura entonces sino, antes bien, el reflejo que merecía aplausos de sus congéneres. El teatro representaba un deseo que no estaba consciente en el público, sino que yacía escondido hasta tanto fuera revelado por el autor. De esa manera William Shakespeare fraguó su éxito en todos los pueblos donde escenificó su obra. (No había entonces un edificio estable para representar teatro u otras actividades culturales).

La cuestión estriba, entonces, en que La Mujer empujaba al hombre a la conquista y a la obtención de Poder por cualquier medio. El Poder era sin ideas. No había una ideología determinada que dominase el Poder. No era el anhelo por el beneficio de los pobres o de los comerciantes o de los marinos. Era un Poder por el goce mismo de detentarlo, sin otra idea. Esa ambición de La Mujer no sólo hizo al capitalismo inglés, sino que, dada la monarquía que hacía a los súbditos iguales, independientemente del género, también la hizo motor del reclamo y deseosa de Poder. La igualdad de los súbditos sumía a estos en la obediencia, dado que no podían llegar a la nobleza por el "derecho sanguíneo" como ocurría entre los nobles. Nobles que habían adquirido su condición por un lazo de sangre y no por haber explotado a los pobres o a los trabajadores. Esto fue, quizá, lo que no coincidió con el agorero de Marx, quien auguró que la revolu-

ción se daría en el lugar donde el capitalismo tuviera más desarrollo, como era el caso de Inglaterra. Era insalvable el no ser noble. Ya no revestía importancia o, acaso, era harto menor que alguien fuese dueño de un establecimiento de manufacturas. No podían ser nobles por una cuestión de sangre.

Brotó, en cambio, el asesinato de clase para acceder a una posición noble o al mismo trono. Por doquier, no desea alguien ser gobernado o mandado en razón que no atiende a su principio de placer y anhela la suplantación para que el gobierno sea más afín a sus intereses. Esa es la trama del drama de "Macbeth", pero con el detalle, no menor y que se ha de apuntar, que el motor del asesinato, del drama, es La Mujer. Esa Mujer inglesa que no era la mujer que habitaba en el continente europeo. No es la mujer piadosa, amparadora, maternal o protectora, más propia de la mujer continental regida por la Virgen María y su séquito religioso. En cambio, aquí, en "Macbeth", la ambición, como toda ambición amerita, está teñida de malicia: tal es La Mujer que hace al idioma inglés:

"come spirits that tent the mortal thoughts, unsex me here and fill me from the crown to the tie, top full of dierest cruelty; make thick my blood".

(Vengan ustedes espíritus que promueven ideas de muerte, quitadme el sexo aquí, llénenme de la cabeza a los pies, toda llena de la más terrible crueldad; espesen mi sangre".

Y en tal anhelo continúa más adelante:

"come to my human breast and take my milk for gall".
(Vengan a mis humanos bustos y cambien mi leche por hiel).

A esa Mujer no la detiene la ternura ni la maternidad, no la detiene la piedad o el consuelo, ni la pretensión de ser protectora pues no hay inferiores dado que todos son súbditos y no nobles. A la nobleza no se llega apaleando al pobre ni subsumiendo a ellos en la pobreza sino dando cuenta de la sangre que se porta. Esa Mujer ansía el Poder tanto como ansía la nobleza. Su hombre, pese a que ella lo empuja al esfuerzo, no le dará nobleza y serán ambos mortales e ignotos como cualquiera y, por lo cual, lo empuja a que tenga otro nivel. Son súbditos e iguales, mortales e ignotos y es ese el nivel que La Mujer desea cambiar.

Paradójicamente, esa es la fuerza del idioma y se hace comercial por excelencia. Es la mujer que retrata Shakespeare quien no ansía más dinero para cambiar de clase social como ocurre en buena parte del mundo, sino que no repara en asesinar y hacer el mal para lograr otra posición social u otra condición respecto del Poder. Tal la mujer de la que habla el idioma o la que hace al idioma inglés.

En el acto IV, en la escena II,

"Lady Macduff – *to be herm is often laudable, to be good sometimes accounted dangerous folly*".

(Hacer daño es a menudo loable, ser bueno a veces cuenta como locura peligrosa).

Palabras que Shakespeare le hace decir a Lady Macduff quien, con su ímpetu somete al hombre y lo envía conquistar y a matar. Por ello, no es de extrañar el hábito imperial inglés.

"That we but teach bloody instructions".
"No tenemos más que sangrientas instrucciones"
-dice Macbeth y agrega más adelante

"I have no spur to pick the sides of my intent, but only baulting ambition".
(no tengo otra espuela que hincar en el flanco de un proyecto sino la ambición).

a lo que la réplica de Lady Macbeth es:

"…I shame to wear a heart so White…".
(me sentiría avergonzada de llevar un corazón tan blanco).

Lady Macbeth no es la cuestión de la dama del amor, sino la que reprocha al hombre, no su falta de ternura, pero sí su inacción:

"What, quite unmann in folly?".
(Qué, ¿te privó la insensatez de hombría?).

Lo bueno puede ser lo peor, por eso el texto hace a una mujer inescrupulosa, autoritaria, la que le quita al varón la responsabilidad de los actos, ya que éste actúa en nombre de ella.

Este modo cundió, metafóricamente, en los ingleses imperiales, quienes no repararon ni cuestionaron lo que hacían ni a los que hicieron su idioma y, por ende, solvente, sin cuestión respecto de sus raíces. Esto implicó que hubiese escasas huellas del latín u otras lenguas en él. Y esto lo considero así pues otros idiomas cuestionan tanto las palabras que les dan origen como sus significaciones.

Esa inescrupulosidad y autoritarismo de La Mujer en la lengua inglesa implica posicionar al varón mandado en el lugar de obediente e inocente, tal como lo pone de manifiesto Lady Macbeth en esta palabras:

"Look like the innocent flower and be a serpent under 't".
(aparenta ser una inocente flor y sé la serpiente bajo ella).

Macbeth sin embargo duda de continuar con el plan asesino y dice:

"we wil proced no further in this business".
(no seguiremos adelante con ese asunto).

Esto hace asomar en el hombre una resistencia lógica a ese proyecto, pero Lady Macbeth replica inmediatamente y azuza a su hombre:

> "Are thou afraid to be the same in thine own act and valor as thou ar in desire?".

(¿Tienes miedo de ser al mismo tiempo en actos y valor tanto como lo eres en deseos?).

Más, aún, continúa:

> "wuoldst thou have that wich thou steens't the ornament of life and live coward in thine own steen".

(¿Querrías tener aquello que estimas como ornamento de la vida y vivir como un cobarde ante tu propia estima?).

Asimismo, La Mujer no duda de abnegar de su maternidad a efectos de conminar al hombre diciendo que ella querría ser de tal género para actuar dada la pasividad que ve en su marido. Y para ello es capaz de renunciar a todo lo que su condición femenina parece otorgarle, lo cual puede ser tanto su maternidad como el amamantar a su cría, el goce habitual que se le confiere a la mujer.

> "thou tender tis tol ove the baby that milks me. I would while it was smiling in my face, have pluck'd my nipple from his boneless gums and dassh'd the brains out and I so sworn as you".

(qué tierno el amor del niño que amamanta pero habría de arrancarme mi pezón de sus desdentadas encías y estrellado sus sesos como tu juraste hacer).

Por lo dicho, es evidente que La Mujer del idioma inglés empuja al hombre a conquistar el Capital, las tierras, las joyas con las que se adornará y, en última instancia, el Poder. ¿Por qué?

O, mejor, ¿para qué? Pues, para nada en particular. No se pretende el Poder para mejorar la calidad de vida de los pobres y menesterosos, de los trabajadores asalariados, de los comerciantes, de los nobles o de los extranjeros. No. Es el Poder por el Poder. El Poder, sin ideas, careciente de una ideología opuesta a otra existente. El Poder era, psicoanalíticamente, tener el falo a disposición. No es poco adorno. Poder, ¿para qué? Tal el desasosiego de la época. Al no haber ideología no estaba allí el hombre de la razón.

William Shakespeare interpreta el goce del pueblo donde el significante del mismo es el Poder.

La alternativa del ascenso es el proceder del pirata o el asesinato. Es el empuje de La Mujer en el inglés o el empuje a La Mujer inglesa. No cobija, no ampara, no mece a su hombre en sus brazos, sólo reniega de su sangre menstrual por no ser ella quien pueda partir a proceder como pirata, sino que, además, reniega de sus pezones que, lejos de amamantar y ver la plácida sonrisa del bebe. no deja el pecho plano dispuesto a enfrentar la espada. Esa fue La Mujer que se aplaudió en los teatros de aquella época, ella fue la saludada por el público inglés que, con ironía o desprecio, le advertía a la Donna hispana o italiana.

Se anhela el Poder por el Poder pues él produce el

Capital que engalana: el Capital que descentra la conciencia cartesiana. No había entonces –no lo refleja el teatro de Shakespeare- disputas ideológicas; el Poder era sin ideas. Cuando nos preguntamos por qué nace William en este quiasma histórico, podemos quizá contestar que era una época de desasosiego en que no se irradiaba el Bien, como podría haberlo hecho el catolicismo si hubiera estado más presente allí, sino que se impulsaba al Poder.

Da ahí que, en "Macbeth", cuando llega el rey Duncan a la casa de los Macbeth, en Lady Macbeth nacen las ideas asesinas, antes desplazadas en el texto a las brujas y los espíritus y el asesinato urdido comienza a tejerse. Aquí, aunque anticipa la luminosidad del acto que se llevará a cabo el, asesinato no hace temblar a La Mujer ni tampoco propender a él le causa duda alguna. La Mujer está decidida a empujar para que la muerte se lleve a cabo, que pueda cernirse sobre ella o sobre su marido la sospecha del asesinato no la atemoriza.

"Macbeth – *Duncan comes here tonight*".
(Duncan viene esta noche).

"Lady Macbeth – *And when goes hence?*".
(¿Hasta cuándo se queda?)

"Macbeth – *to morrow as the purpose*".
(hasta mañana se propone).

"Lady Macbeth – *Shall sun the morrow see*".
(EL sol ese día veremos).

La Mujer empuja al varón al acto y no teme la responsabilidad que a ella le cabe ni tampoco pena por la que toque al eventual asesino. El convencimiento de la realidad a la que dará lugar es claro que la exonerará de culpas.

Shakespeare, en "Macbeth", como ya se dijo, hace a una Mujer inescrupulosa y autoritaria que, además de inocente y obediente, libera al varón de responsabilidad, pues éste actúa en nombre de ella.

Macbeth, sin embargo, teme y pretende no seguir con el plan.

"Macbeth- *We will proceed no further in this business*".
(No procederemos más lejos en este asunto).

Mas, su esposa no retrocede y exclama:

"La*dy Macbeth- Are you afeard to be the same in thine own act and valor and thou art in desire?*".
(¿Temes ser al mismo tiempo en actos y en valor tanto como lo eres en deseos?).

Y continúa La Mujer con su increpación:

"wouldst you have that wich thou esteen'st the ornament of life, and live a coward in the own esteem?".
(¿Querrías tener aquello que estimas como ornamento de la vida y vivir como un cobarde ante tu propia estima?).

Así, alude Lady Macbeth a la masculinidad o a los genitales de su marido como al de los hombres que habrían de hacer honor a ellos no siendo cobardes.

Por ello, no duda, Lady Macbeth de desistir de su maternidad en:

> "*How tender tis tol ove the baby that milks me. I would while it while smiling in my face, have plucked my hipple from his boneless gums and dashe'd the brains out and I so sworn as you*".

(Qué tierno es el amor del niño que amamanto pero habría arrancado mi pezón de sus desdentadas encías y estrellado sus sesos como tú juraste hacer.)

Macbeth reprocha a su esposa que con ese temple impávido no habría de formar sino varones. Es una respuesta a La Mujer que empuja a que él tome todo lo varonil que en ella siente impedido por su sexo femenino.

Desde luego, el texto original –que transcribo- es rico en arcaísmos, pero no por ello impide leerse a la luz del actual idioma inglés.

Los párrafos transcriptos y traducidos no pueden sino conducirnos a Freud quien, con palabras propias del psicoanálisis, tradujo al poeta inglés que claramente anticipó su teoría de los sueños tal como se dijo en su momento pero, ahora vemos que Shakespeare no deja de aludir, asimismo, a La Mujer cuando ella exclama que Macbeth ha matado el deseo y, por ende, que no duerman sino que gocen, que actúen. Tal la innovación del escritor; el llamado al goce que no es ya la anticipación sino que da la clave posterior de lo que seguirá al saber del inconsciente a través del deseo: el goce.

Es, entonces, cuando, lógicamente, Lady Macbeth

se pregunta y, luego, afirma:

"Lady Macbeth- *naght´s had, all´s spent, where our desire uis got without content: tis sdafer to be that which we destroy tan, by destruction, d well in doubt full joy*".

(Lady Macbeth- Nada se tiene, todo se gasta. Cuando nuestro deseo no logra contentarse es más seguro ser lo que hubimos disfrutado que el bien de la dudosa alegría).

Con esto refiere el autor de "Macbeth" otra vez al goce.

Y sigue La Mujer empujando más claramente después:

"*Are you a man?*".
(¿Eres tú un hombre?).

¿Eres tú un hombre y, al serlo, eres sujeto del goce donde está inserto el deseo? Es decir, marca el paso del hombre del deseo al hombre del goce de ella. Es muy distante ya aquel hombre que piensa para deducir que existe; aquí, en "Macbeth", es pensado y gozado.

Si lo bueno puede ser lo peor para Lady Macduff, ella dista, otra vez, del criterio cristiano que abona por el Bien a toda costa, pero se aleja, también, de la mujer recatada y bondadosa, no sin prevenirse de la insistencia indiscriminada por el Bien que puede llevarla a la peligrosa locura. No es ésta ya una locura pasajera y tonta, un ocasional desvarío, sino una persistente credulidad que hacen pensar en la paranoia. Esto se ratifica con las palabras de la escena I del acto V donde continúa el Psicoanálisis, esta vez en manos de un doctor a quien William le hace decir:

"A great perturbation in nature, to receive at once the benefit of sleep and to do the effects of watching".
(gran perturbación de la naturaleza el recibir el beneficio de dormir y al tiempo observar que cumplimos actos).

Sintetiza, quizá, al final el poeta con la alocución de Macbeth:

> "*Life is but a walking shadow; a poor player that sruts and frets his hour upon the stage and then is heard no more. It's a tale told by* an *idiot full of sound and fury signifying noting.*".

(La vida no es sino una sombra caminante, un

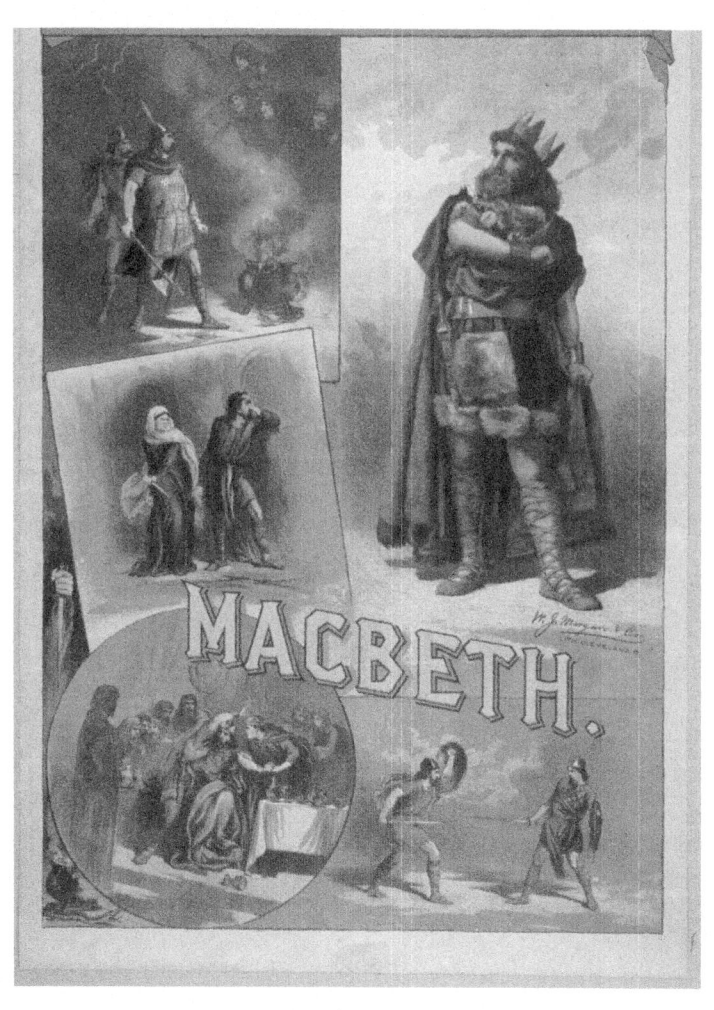

pobre actor que pavonea y apura sus pasos sobre el escenario y de quien luego no se habla más. Es un cuento relatado por un idiota lleno de pompa y entusiasmo que nada significa).

IV
CONCLUSIÓN

La cuestión inherente a las traducciones refiere a múltiples interpretaciones. En este texto son muchos los arcaísmos, tantos como hubo en toda lengua y que implicaron su desarrollo. El idioma impone un goce en cuanto dice cómo se ha de expresar y con qué discurso.

El teatro inglés era un escenario donde el público encontraba una distracción imperiosa de su actividad comercial a la cual había sido arrojado y, en este teatro, no encontraba sino un reflejo de la sociedad que la vitoreaba. W. Shakespeare interpreta el goce del pueblo y, tal cual se dijo, el significante de ese goce es el Poder.

No hay quien no sea representante de la época que vive, así lo sea minoritaria o mayoritariamente. Ciertamente Wlilliam dio cuenta de su tiempo de manera acertada e hizo que se representara en obras que tuvieron consenso y aprobación popular: el mundo de los campesinos, de los operarios fabriles incipientes, de los marineros, de los dirigentes políticos, del sujeto inglés y tantos otras y otros que estuvieron reflejados por él. El genio es haberlo hecho, que así fuese reconocido y que el reconocimiento perdure y se haya agigantado.

Más aún, las obras de Shakespeare tienen un cariz universal en el cual podemos reconocernos o reconocer en ellas avatares y conflictos comunes a todos: conflictos con el Poder, conflictos en cuanto a la imbricación social en cada sujeto o conflictos sexuales Esto que excede a Stratford Upon Avon, a las islas británicas, a las colonias inglesas y a todo el resto del mundo, habla, sin dudas, de lo que es inherente a cada persona. Shakespeare fue reconocido, sagaz y un gran escritor, pero; ¿por qué nos importa? Vivió de eso, tuvo su recompensa en vida y ¿qué?

Nos importa porque sus palabras entrañan una sabiduría del humano proceder y especialmente de las dudas, de los errores, de los lapsus que indican un trabajo de lo inconsciente subyacente en cualquier hacer y de lo que culturalmente nos forma, lo cual no es lineal, no es recto, no es sin recovecos, no es sin algo siniestro que también nos hace, no es sin algo perverso ni sin todo aquello que nos parece indigno de nosotros como, también, de aquello lo cual creemos que nos engrandece, que nos dignifica, pero, todo ello, no es sin faltas, sin equívocos ni sin errores. De esto da cuenta William Shakespeare con sus personajes y, por eso, aún mantenemos vigentes sus obras, en tanto esos personajes somos nosotros, ellos hablan de nuestro reflejo.

Hemos de pensar, también, ¿por qué se da el teatro inglés y alcanza rasgos tan populares? Creo que al estar el hombre inglés conminado a trabajar por el empuje de La Mujer requería de una diversión allende de la cotidianeidad doméstica. La depredación fuera de las islas, el arrebato de alhajas, joyas o tierras era aquello para lo que el hombre inglés había salido de su casa y, por lo tanto, al volver y encontrarse con quien lo empujaba nuevamente a salir, no complacía plenamente al corsario como tampoco era suficiente el placer que pudiera encontrar en la comida o en la cama como pago por el esfuerzo realizado. Quería el corsario la fiesta por los oros, joyas y bienes conseguidos o conquistados. La fiesta, porque adornar a su dama supuso batir las olas, a los indígenas y a las dificultades varias. Macbeth llega a tirano, pero Lady Macbeth quería más. La prepotencia del rey simplemente correspondía para compensar su impotencia.

En fin, esa obra de Shakespeare sobrevive porque habla del paso del tiempo, de los sueños y de la raíz y causa de los mismos precediendo a Freud en ello, porque habla de la traición, del narcisismo y de su exaltación; todas cuestiones universalmente humanas. La dramaturgia shakespereana representa la bisagra histórica entre el feudalismo y el capitalismo. Allí William Shakespeare huele la tiranía del dinero que no acepta cuando apela a que La Mujer sujete sus pasiones por el Poder. Él sabía que el capitalismo naciente ansiaba más capital como la tiranía más tiranía.

Epílogo

El retirarme del trabajo en relación a la psiquiatría y al psicoanálisis estimuló las lecturas que fueran previas y propias de mi formación. Me sorprendieron tanto las obras de William Shakespeare como así también me parecieron graciosas y absurdas; la vida de una persona no difiere en mucho de las del resto de los mortales y ello mueve a risa cuando no a llanto. Por otro lado, las afirmaciones que se leen a pesar del contexto del drama resultan a mi entender no vanas sino antes bien serias por lo que las ofrezco ahora al lector.

Las citas en inglés de este texto pertenecen a:

The Works of William Shakespeare
Complete
Bllack`s READERS SERVICE COMPANY
ROSALYN, NEW YORK
Copywrigt 1937
By Walter J. Black, Inc.
Printes in the Unirted States Of America

Las citas en español son de:
William Shakespeare
Tragedias Completas
Editorial LOSADA
Primera edición 2012
Traducción al español de Macbeth por: Ida Vilerno

Acerca del autor

Nació en una localidad serrana (1953) próxima a la ciudad de Córdoba donde vivió su infancia y adolescencia. Cursó y se graduó como médico y en 1976 se exilió en España. Ingresó a una institución psiquiátrica privada (Instituto Frenopático) como psiquiatra lo que implicó luego la publicación de irregularidades tanto de la dirección como de los profesionales que culminó con el cierre de la institución. Trabajó también en el Hospital Clínicas de Barcelona que influyó en su formación. El psicoanálisis personal decidió su formación y dedicación ulterior. Ello implicó títulos: médico psiquiatra y máster europeo en psicoanálisis. Con la democracia en 1984 volvió a su país. Publicó dos libros en relación a su especialidad así como un artículo respecto de la escritura y la discriminación en Hispano América. Retirado en 2019, se interesó en la lectura de Shakespeare lo cual le indujo a escribir la obra que aquí ofrece al lector.

Índice

Dedicatoria 7

Agradecimientos 9

Prólogo 11

I. GOOD MORROW 13

II. SHAKESPEARE PRECEDE A FREUD 19

III. EL IDIOMA INGLÉS HIZO
UN TIPO DE MUJER 27

IV. CONCLUSIÓN 45

Epílogo 49

Acerca del autor 53

Impreso por Editorial Brujas • julio 2021 • Córdoba–Argentina

Made in the USA
Coppell, TX
24 February 2023